Liebe Holz- & Gartenfreunde,

normalerweise halten wir uns ja nicht all zu lange mit Besuchern am Gartentor auf. Bei den hölzernen Zaungästen in diesem Buch soll das anders sein - hier macht's auch nichts aus, wenn sie etwas länger bleiben.

Allerdings geben verschiedene Motive - der Jahreszeit entsprechend - Anlass genug, das „Gesprächsthema" zu wechseln. Für den Plausch am Gartenzaun lassen sich immer wieder neue Grüppchen zusammenstellen. Platz ist jedoch auch für Besucher, die das ganze Jahr über bleiben können. Und falls Ihnen der Zaun fehlt, sollten Sie sich überlegen, ob Sie nicht das ein oder andere Teil einfach als Blickfang neben Ihre Haustür lehnen können!

Wundern Sie sich nicht, wenn Sie zukünftig auch mehr menschliche Zaungäste bekommen!

Viel Freunde beim Anschauen und Nachbauen

wünscht

Martina Hertel

Werkzeuge und Hilfsmittel

Einen **Bleistift** benötigt man zum Durchpausen vom **Vorlagenbogen auf Transparentpapier**. Legen Sie das Transparentpapier zusammen mit einem **Blaupapier** auf das Holz und ziehen Sie alle Striche nach. Eine einfache **Stichsäge** für die Massivholzbretter und eine **Laubsäge** für die wenigen Sperrholzteile sind erforderlich; eine Kappsäge für gerade Schnitte und eine elektronische Dekupiersäge fürs Sperrholz sind natürlich komfortabler. Ein grobes Schleifpapier mit 80er Körnung eignet sich fürs Abschleifen der rauen Sägestellen. Ein größerer flacher **Pinsel** erledigt die Flächenarbeit, mit einem kleineren Pinsel für Acrylmalerei schaffen Sie auch die feinen Details. Für schwungvolle Linien und Schriften setzen Sie am besten wasserfeste **Lackstifte** in den Stärken Fein und Mittel ein. Falls Sie Ihre Arbeit mit **Lack** zusätzlich schützen wollen, stellen Sie sicher, dass der Lack den Auftrag der Lackstifte nicht anlöst.

Ein **Akkubohrschrauber** hilft beim Zusammensetzen einzelner Teile und beim Festschrauben der Latte am Zaun, ist aber nicht unbedingt erforderlich, Handbohrer und Schraubenzieher tun's auch. Verwenden Sie zum Vorbohren einen Holzbohrer der Stärke 3; zum Verbinden massiver Holzteile 3,5er oder 4er Holzschrauben, 30 mm lang. Für kreisrunde Löcher, wie z. B. beim Motiv Vogelhaus, ist eine Lochsäge mit einem 32-mm-Bohrkranz zum Einsatz in die **Bohrmaschine** oder den Bohrschrauber erforderlich. Für die Befestigung der kleinen Sperrholzteile werden kleine **Nägel** verwendet. Mit **Heißkleber** sichert man z. B. die Sperrholzteile vor dem Verrutschen vor dem Nageln. Die **Gartenschere** zwickt z. B. kleine Rundstäbe ab.

Material

Es gibt Lattenzäune in allen möglichen Breiten und Höhen. Suchen Sie sich das Motiv aus und passen Sie die Breite und Höhe des Werkstücks Ihrem Zaun an! Verwenden Sie Glattkantbretter der Stärken 18 oder 19 mm aus dem Baumarkt, die in der Breite ungefähr der Lattenbreite Ihres Zauns gleichkommen. Eventuell ist ja vom Zaunbau auch eine Latte übriggeblieben, die als Grundlage für das eine oder andere Motiv dienen kann. Einige Motive sind aus einem 20 bis 25 cm breiten Leimholzbrett gefertigt. Für die wenigen Sperrholzteile bekommen Sie im Baumarkt beim Holzzuschnitt bestimmt einen günstigen Rest. Dachlatten in der Stärke 3,6 x 1,9 cm aus dem Baumarkt werden für gerade, schmale Teile verwendet.

Bei Farben für Holz haben sich wasserfeste Acrylfarben, für große Flächen z. B. auch Abtön- und Volltonfarben, aus dem Bastelfachgeschäft oder Baumarkt bewährt. Sie riechen kaum, sie sind wasserverdünnbar und gut untereinander mischbar, lichtecht und witterungsbeständig nach dem Trocknen. Schwarz, Weiß, Ultramarinblau, Karminrot und Goldgelb sind die Grundfarben, mit denen sich alle Töne erzielen lassen, wenn man sich den Kauf der Zwischenfarben sparen will.

Gärtner mit Gießkanne

Farben: Schwarz, Weiß, Ultramarinblau, Goldgelb, Braun Maigrün, Apricot, schwarze und weiße Lackstifte

Material: 140 mm breites Massivholzbrett, 6-mm-Sperrholz 6 Stück Holzschrauben (3,5/4 x 30)

Der erste Besucher am Zaun erscheint im Frühling, wenn man sich wieder gern im Garten aufhält, sich über jeden grünen Halm freut, zwanghaft die ersten Primeln pflanzt.

Der Gärtner ist aus einem ca. 140 mm breiten Brett, die Hutkrempe wird extra ausgesägt und nach dem Bemalen von hinten mit Schrauben am Kopf fixiert. Die Gießkanne können Sie aus 6-mm-Sperrholz aussägen und nach dem Bemalen vor dem Bauch des Gärtners mit zwei Nägeln befestigen. Die Hände und die Füße sind aus massivem Holz und von hinten festgeschraubt. Den Hut und die Krempe bemalen Sie in Braun. Die Haare färben Sie gelb. Das Gesicht bekommt einen warmen Apricotton, den Sie aus Gelb, Karminrot und Weiß mischen können, die Augen werden nach dem Trocknen schön blau ausgemalt. Das Hemd bekommt einen blauen Grundanstrich. Die hellen Karos erhält man durch einen trockenen Pinselstrich mit Blau, dass mit Weiß etwas aufgehellt wurde. Alle Konturen und Lichter setzen Sie am besten nach dem Farbauftrag mit den weißen und schwarzen Lackstiften!

Osterhase

Farben: Beige, Mittelbraun, Orange, Maigrün, Goldgelb
schwarze und weiße Lackstifte

Material: 120 mm breites Massivholzbrett
Rest 6- oder 8-mm-Sperrholz, Nägel

Wen die Säge-Lust nun endgültig gepackt hat, wird auch zu Ostern seinen Zaun entsprechend schmücken wollen. Ein Vorteil: Dieser Hase geht nicht an Ihre Möhren!

Aus einem Stück gesägt in der Breite Ihres Zauns füllt er dekorativ die Lücke.

Die Arme und die Karotte können z. B. aus 6-mm-Sperrholz ausgesägt werden. Bemalen Sie erst den ganzen Hasen in Beige, bevor Sie die dunkleren Stellen in Braun anbringen. Die Möhre wird in Orange bemalt, das Kraut in Grün. Etwas Grün an den Rändern und etwas Gelb in der Mitte lässt die Möhre plastischer erscheinen.

Akzente, Lichter und Konturen bringen Sie mit den schwarzen und weißen Lackstiften auf, bevor Sie die einzelnen Teile in Position bringen und festnageln.

Bienenbär

Farben: Hellbraun (Terrakotta), Dunkelbraun, Schwarz, Weiß
Goldgelb, Karminrot, schwarze und weiße Lackstifte

Material: 120 mm breites Massivholzbrett
6-mm-Sperrholz (für Bienenkorb)
4-mm-Sperrholz (für Bienen), Nägel, gelber Heißkleber

Der Bienenbär ist zumindest im Sommer ein gern gesehener Zaungast und für Bärenfans vielleicht sogar ein Ganzjahresbesucher!

Der Körper mit dem Kopf ist aus dem 120 mm breiten Brett schnell ausgesägt und in einem hellen Braun bemalt. Füße und Hände sowie der Bienenkorb und die Bienen sind aus 6-mm-Sperrholz. Den Bienenkorb beginnen Sie außen mit Dunkelbraun. Das Innere legen Sie in Gelb an. Anschließend malen Sie die Kerben des Bienenkorbs in Dunkelbraun. Verwischen Sie nun die Übergänge mit einem feuchten Pinsel. Die Fußballen malen Sie in Dunkelbraun und bringen nach dem Trocknen erst die Kontur mit schwarzem Lackstift auf. Gesicht und andere Akzente malen Sie am besten mit Lackstiften. Betonen Sie die Wangen und die Ohren mit ein bisschen Karminrot auf einem trockenen Pinsel, ebenso die dunkelbraunen Fußballen mit etwas Goldgelb.

Als erstes wird der Bienenkorb in Position gebracht und festgenagelt, bevor die Füße und Hände angebracht werden. Die Bienchen werden aus dem 4-mm-Sperrholz ausgesägt, die Körper erst goldgelb grundiert, die Flügel in Weiß angelegt, die Köpfe werden schwarz. Alle anderen Farbflächen führen Sie mit den schwarzen und weißen Lackstiften nach dem Trocknen aus. Nageln Sie die Bienen nach Belieben auf die Latte oder – ein paar mehr – auch auf andere Latten Ihres Zauns. Wer irgendwo honiggelbe Klebesticks für die Heißklebepistole findet, kann ein wenig „Honig“ vom Korb tropfen lassen!

Tulpe

Farben: Gelb, Schwarz, Weiß, Hellblau, Braun, Maigrün
Karminrot, schwarze und weiße Lackstifte

Material: 140 mm breites Brett, Stück Dachlatte

Eine Tulpe, vielleicht neben dem Gärtner, macht sich im Frühling besonders gut.

Angepasst an die Lattenbreite Ihres Zauns müssen Sie nur die Konturen des Tulpenkopfs aussägen. Die Blüte erhält einen gelben Anstrich, den Sie mit etwas Karminrot lebendiger aussehen lassen. Der braun bemalte, an den Außenseiten schwarz schattierte Topf erhält aus einem in Form gebrachten Stück Dachlatte einen Rand. Blätter und Stängel werden in Maigrün aufgemalt, die übrigen Flächen in Hellblau. Ein karminroter Marienkäfer krabbelt am Stängel hoch. Seine Punkte werden, wie alle Akzente und Linien, mit den Lackstiften gemalt.

Mehrere Tulpen nebeneinander in verschiedenen Höhen und Farben könnten sogar die Bienen in die Irre führen!

Hereinspaziert !

Katze

Farben: Orange, Goldgelb, Schwarz, Weiß
schwarze und weiße Lackstifte

Material: 120 mm breites Massivholzbrett
24 cm langes Dachlattenstück
2 Holzschrauben (3,5/4 x 30)

Eindeutig ein Ganzjahres-Gast am Zaun ist die Katze, deren Silhouette aus einem Stück ausgesägt wird.

Kaufen Sie das Brett, das Ihrer Zaunlatte breitenmäßig am nächsten kommt, etwas länger, damit der Katzenkopf über Zaun-Niveau sitzt. Bemalen Sie erst die Katze in einem satten Orangeton. Die Ecken setzen Sie in Schwarz, nach dem Trocknen wischen Sie mit trockenem Pinsel etwas Weiß darüber. Augen und Mund der Katze malen Sie mit den schwarzen und weißen Lackstiften, die Nase in Goldgelb.

Das schmale Stück Holz (Dachlatte), auf dem die Katze sitzt, trägt die Aufschrift „Hereinspaziert", die – wie die Tatzenspuren - ebenfalls mit einem schwarzen Lackstift aufgebracht wird. Die Querlatte selbst ist in Weiß bemalt, in das etwas Schwarz gemischt wurde. Der Schwanz wird unterhalb des „Hereinspaziert"-Schildes aufgemalt und der Rest der Zaunlatte in der Farbe Ihres Zauns fertiggestellt. Die Querlatte wird mit zwei Holzschrauben von hinten durch das Zaunbrett in Position gehalten.

Leuchtturm

Farben: Weiß, Ultramarinblau, Karminrot, Goldgelb

Material: 20 cm breites Leimholzbrett, zwei Dachlattenstücke
Drahtgeflechtstück, 4 Stück Holzschrauben (3,5/4 x 30)
Rundstab, ca. 5 mm Durchmesser, 8-mm-Sperrholzrest (für Flagge), 4-mm-Sperrholzrest (für Seestern)
Steckdraht (für Flagge), einige kleine Nägel, ein Stück Schnur

Wer im Sommer aus dem Urlaub kommt und das maritime Feeling in den Alltag retten will, dekoriert sich zuhause mit dem Leuchtturm in Urlaubsstimmung.

Er wird aus einem 20-cm-Brett ausgesägt, hat einen „Balkon" und eine Traufe aus Dachlattenstücken, die beide karminrot bemalt werden.

Die Flagge wird aus einem 8-mm-Sperrholzrest ausgesägt und in Ultramarinblau bemalt. Den Rundstab zwicken Sie mit der Gartenschere in der gewünschten Höhe ab, bemalen ihn erst ganz mit Weiß und bringen nach dem Trocknen rote Streifen auf. Der Seestern wird aus 4-mm-Sperrholz ausgesägt und bekommt einen Anstrich aus Ultramarinblau, das mit etwas Weiß aufgehellt wurde. Er wird auf die Flagge geklebt. Dann verbinden Sie die Flagge durch zwei Bohrlöcher mit etwas Draht mit dem Rundstab, der in ein Loch am oberen Ende des Turms geklebt wird.

Das obere Turmteil wird karminrot, das Teil, welches das Leuchtfeuer darstellt, goldgelb, mit ein bisschen Weiß etwas aufgehellt. Ein Drahtgeflecht markiert die Fenster. Wer kein Drahtgeflecht findet, malt die Leuchtfeuerfenster einfach auf. Der Turm selbst wird zuerst in Weiß grundiert, von außen her tragen Sie etwas mit Ultramarinblau abgedunkeltes Weiß auf. Nach dem Trocknen können Sie sich die Flächen, die ultramarinblau werden sollen, mit Bleistift markieren und dann ausmalen, oder Sie verwenden Klebeband und kleben die Kanten ab. Sie können die Fenster mit einem Lochsägeeinsatz (Durchmesser 32 mm) mit der Bohrmaschine anbringen, oder Sie malen runde schwarze Fensterluken auf.

Auf dem Balkon des Leuchtturms können Sie mit einigen Nägeln und der Schnur eine Reling anbringen. Klopfen Sie in Abständen die Nägel ein und schlingen Sie die Schnur um jeden Nagel.

Familie „Latte"

Farben: Weiß, Goldgelb, Ultramarinblau, Karminrot, Apricot Hellbraun, schwarze und weiße Lackstifte

Material: 200 mm breites Leimholzbrett
2 Holzschrauben (3,5/4 x 30)

Die Familienlatte besteht aus der Durchschnittsfamilie. Falls Ihre Familie hier aus dem Rahmen fällt, müssen Sie die Latte wohl oder übel entsprechend erweitern oder verkürzen. Versuchen Sie, die Eigenheiten wie Haar- und Augenfarbe anzupassen!

Nach dem Aussägen der Familie aus einem 200 mm breiten Leimholzbrett tragen Sie die Farben auf. Hier wurde dem Vater eine braune Frisur verpasst, die Mutter hat die Haare karminrot gefärbt, das mit ein bisschen Goldgelb etwas heller erscheint. Der Sohn hat goldgelbes Haar mit karminroten Strähnen, während die Tochter mit den braunen Haaren wieder mehr in die Art des Vaters geht. Allen gleich ist der ebenmäßige Teint aus Apricot. Die Augen sind einheitlich blau. Setzen Sie mit den schwarzen und weißen Lackstiften nach dem Trocknen der Farben die Akzente.

Ein Stück des 20-cm-Brettes, 25 cm lang, wird quer über den Übergang zum Zaun geschraubt und zeigt an, wer hier wohnt.

Vielseidig Verlag

und noch mehr aus Holz von Martina Hertel

Holt Euch Holz
und sägt und malt, der Frühling ist da!
ISBN 3-935467-20-6
Best.Nr. 67206

Holz vor's Haus
Herbstliches aus der Holzwerkstatt
ISBN 3-935467-07-9
Best.Nr. 67079

Laubanger 19b 96052 Bamberg **Vielseidig Verlag** GmbH Tel. 0951/ 6 89 97 Fax. 0951/ 60 32 99

Weihnachtsmann

Farben:	Dunkelrot, Weiß, Apricot, Grau, Ultramarinblau schwarze und weiße Lackstifte
Material:	20 mm breites Leimholzbrett, 4-mm-Sperrholz, Nägel

Spätestens zum ersten Adventssonntag ist es soweit – Weihnachten wirft seine Schatten voraus, in diesem Fall der Zaun-Weihnachtsmann seinen in der Wintersonne!

Der Mützenrand, der Schnurrbart und die Augenbrauen (alles in Weiß) sowie die roten Sterne werden aus 4-mm-Sperrholz ausgesägt und entsprechend bemalt. Aus dem 20 mm breiten Leimholzbrett wird Mütze, Gesicht und Bart in einem Stück ausgesägt und Rot, Apricot und Weiß aufgetragen.

Nach dem Festnageln der weißen Sperrholzteile malen Sie mit einem trockenen Pinsel graue Spiralen auf Augenbrauen, Haare und Bart. Anschließend nageln Sie die roten Sterne auf. Den „Schneestaub" erhalten Sie, indem Sie etwas Weiß mit einer alten Zahnbürste über Ihren Daumen aufsprühen. Die Akzente – wie die Schneesterne – malen Sie mit den Lackstiften.

Sie können den Nikolaus von hinten an ein oder zwei Ihrer Zaunbretter schrauben oder Sie bauen sich eine Vorrichtung wie beim Halloween-Geist (siehe Vorlagenbogen dort), damit Sie keine Schraubenlöcher in den Zaun bohren müssen.

Schneemann

Farben: Weiß, Ultramarinblau, Schwarz, Orange, Karminrot schwarze und weiße Lackstifte

Material: 120 mm breites Massivholzbrett, ein Stückchen Rundstab, Durchmesser 12 mm (für die Nase)

Warten Sie heuer nicht auf den Schnee, um einen Schneemann zu bauen! Dieser aus Holz ist sowieso haltbarer und wartet bis in den Februar auf flockige Gesellschaft.

Hier wurde er in einem Stück aus einem 120 mm breiten Brett gesägt; passen Sie die Breite Ihrem Zaun an! Die Nase wird aus einem Stückchen Rundstab, ca. 7 cm lang, gewonnen: Sägen Sie – bevor Sie die 7 cm schräg vom Rundstab abschneiden – ein Ende des Stabes spitz zu. Bemalen Sie die Nase in Orange. Sie wird nach dem Fertigstellen des Schneemanns aufgeklebt, Sie können Sie zusätzlich mit einer Schraube von hinten durch den Kopf sichern.

Der Hut des Schneemanns wird schwarz. Probieren Sie, den Körper am Rand mit etwas hellem Ultramarinblau mit trockenem Pinsel anzufangen. Tragen Sie dann in der Mitte Weiß auf und verwischen Sie die Übergänge zum Rand mit einem feuchten Pinsel. Nach dem Trocknen bringen Sie mit Schwarz die „Kohlen"-Knöpfe an. Das Gesicht und alle anderen Akzente malen Sie am besten mit den Lackstiften. Die roten Wangen erzielen Sie mit etwas Karminrot in einem trockenen Pinsel. Ein Stück eines alten Ringelsockens oder ein Strickschlauch schmückt den Hals.

Halloween-Geist

Farben:	Schwarz, Weiß, schwarze und weiße Lackstifte
Material:	250 mm breites Leimholzbrett Dachlattenstücke (für Hänge-Vorrichtung) 5 Holzschrauben (3,5/4 x 30)

Gut zu den Kürbissen im Herbst und zu jedem Zaun passt dieser (Haus-)Geist.

Er wird von hinten an den Zaun geschraubt und kann dann – nach Halloween – wieder schnell entfernt werden.

Der Geist wird flächig in Weiß bemalt. Den Mund malen Sie mit schwarzem Lackstift vor und mit Schwarz aus. Die feineren Striche und Punkte bringen Sie mit den schwarzen und weißen Lackstiften an. Die Schattierung am Rand ist mit etwas Schwarz auf einer alten Zahnbürste über den Daumen aufgesprüht.

Sie können sich für den Geist auch eine Vorrichtung bauen, um ihn schnell über den Zaun stülpen zu können, ohne ein Schraubenloch durch den Zaun machen zu müssen (siehe Vorlagenbogen). Jedoch ist er dann gegen „unbefugte Mitnahme“ weniger gesichert! Beginnen Sie die Vorrichtung, indem Sie an der Rückseite des Geistes in der gewünschten Höhe eine Querlatte in der Stärke Ihres Zauns anbringen. An dieser Querlatte wird nur eine senkrechte Leiste nach unten festgeschraubt. Beide Lattenstücke können aus der Dachlatte gesägt werden, eventuell muss bei der Querlatte jedoch ein Stückchen Sperrholz oder ähnliches untergelegt werden, um die Zaunbrettstärke zu erreichen.

Rabe

Farben: Schwarz, Goldgelb, schwarzer und weißer Lackstift

Material: 120 mm breites Massivholzbrett
Rest 8-mm-Sperrholz, 2 Nägel

Ganz einfach in der Form – ganz groß in der Wirkung.

Der Zaun-Rabe ist aus einem Glattkantbrett, das in der Breite der Zaunlatte, die er ersetzen soll, am nächsten kommt. Lassen Sie ihn ein bisschen über Zaunniveau schauen. Bemalen Sie die gesamte Latte flächig in Schwarz. Aus Sperrholz (zirka 8 mm stark) wird der Schnabel in Herzform ausgesägt, gelb bemalt und aufgenagelt. Danach werden auf dem Schnabel mit schwarzem Lackstift die Kontur des Munds und die Nasenlöcher aufgemalt und die Augen des Raben aufgetragen.

Ein Tipp: Gut zum Raben passt das Vogelhaus!

Bemalen Sie die Vogelkörper ganz schwarz. Die Schnäbel werden gelb und nach dem Trocknen auf die Körper geklebt. Augen und sonstige kleine Flächen malen Sie am besten mit den schwarzen und weißen Lackstiften.

Befestigt werden die Familienmitglieder ganz einfach. Jeder Vogel bekommt am Fuß ein Loch in der Stärke des Nagelkopfes. An der Stelle, wo der Vogel sitzen soll, wird ein Nagel bis zur Hälfte in den Zaun geschlagen. Das Loch im Vogel wird mit (Heiß-)Kleber gefüllt. Nun wird der Vogel auf den Nagel gesetzt, in Position gebracht und bis zum Abkühlen des Klebers gehalten.

Vogelfamilie

Farben: Schwarz, Gelb, schwarze und weiße Lackstifte

Material: z. B. 6-mm-Sperrholz, Nägel (ca. 5 cm lang)

Die Vogelfamilie hat einen entscheidenden Vorteil!
Sie passt auf (fast) jeden Zaun.

ich bin Hier
der Boss!

Schnuffi ist ein Schatz...

Farben:	Weiß, Schwarz, Braun, Rot, Rosa schwarze und weiße Lackstifte
Material:	250 mm breites Leimholzbrett 120 mm breites Massivholzbrett, Hundeleine o. -halsband Halstuch, etwas Draht

...weil Schnuffi passt auf, wer sich Ihrem Zaun nähert und das ganz ohne Hundefutter!

Der Kopf mit den Pfoten wird zusammen aus einem 250 mm breiten Leimholzbrett ausgesägt. Bemalen Sie alles flächig in Weiß. Die Augen werden braun, die Ohren rosa, der Mund schwarz. Die Zunge legen Sie in Rot an und bringen die Lichter mit etwas Weiß auf. Alle anderen Akzente, wie die Andeutung des Fells und die Konturen, malen Sie am leichtesten mit den weißen und schwarzen Lackstiften.

Das Schild bekommt einen roten Grundanstrich. Nach dem Trocknen kleben Sie den Außenbereich mit einem Klebeband ab und färben das Innere der Fläche schwarz. Entfernen Sie das Klebeband sofort. Nach dem Trocknen malen Sie mit dem weißen Lackstift kleine Knochen auf und bringen die Beschriftung an.

Wenn Sie den Kopf von hinten an Ihren Zaun geschraubt haben, hängen Sie mit einer Hundeleine oder, wie hier, einem Hundehalsband das Schild drüber. Gegen „unbefugte Mitnahme“ sichern Sie das Schild vielleicht auch noch mit einer Schraube am Zaun.

Sie können sich für den Hundekopf auch eine ähnliche Vorrichtung zum Überstülpen über den Zaun bauen, wie beim Halloween-Geist (siehe auch Vorlagenbogen dort) beschrieben, falls Sie keine Schraubenlöcher in Ihren Zaun machen möchten.

Vogelhaus

Farben: Ultramarinblau, Goldgelb, Maigrün

Material: Dachlattenstücke, 120 mm breites Massivholzbrett
Holzstäbchen (vom Eis am Stiel!)
5 Stück 3,5x30-mm-Schrauben

Diese Vogelhaus-Attrappe taugt zwar bestenfalls als Übungs-Einflugloch für Jungvögel. Aber als Zaun-Akzent – z.B. zusammen mit dem Raben – macht sich die einfache Hausform gut.

Das „Durchflugloch" hat einen Durchmesser von 32 mm. Das Dach und der Boden sind aus Dachlattenstücken gefertigt. Vor dem Zusammenbau bemalen Sie die Innenseite des Dachs in Gelb, den Boden in Grün. Der Vogelhauskörper wird ultramarinblau. Mit der Gartenschere lassen sich die Eis-Stäbchen gut durchzwicken. Mit der Heißklebepistole wird ein Zäunchen zusammengeklebt, das anschließend gelb bemalt wird. Das Dach wird auf den Vogelhauskörper gesetzt, festgeschraubt, die Außenseiten gelb bemalt. Der grüne Boden wird von hinten angeschraubt. Oberhalb des Bodens kleben Sie mit Heißkleber das Zäunchen direkt an den Hauskörper.

Den Rest des Bretts lassen Sie in der Farbe Ihres Zauns ein.

Hier hausen
die
Latte's